Miguel Sande

BRINDIS Y DESESPERACIÓN

BRINDE E DESESPERO

Edición bilingüe castellano/gallego

EDITORIAL CUADERNOS DEL LABERINTO
—ANAQUEL DE POESÍA, nº137—
MADRID · MMXXIV

Directora de la colección: ALICIA ARÉS

Diseño de la colección © Absurda Fábula
www.absurdafabula.com

El papel utilizado para la impresión de este libro, fabricado a partir de madera procedente de bosques y plantaciones sostenibles, es cien por cien libre de cloro y está clasificado como papel reciclado.
Impreso por Copias Centro (Madrid)

Primera edición: FEBRERO 2024

I.S.B.N: 978-84-18997-98-3
Depósito legal: M-3454-2024

Impreso en España.

La publicacón de este libro contó con la colaboración económica de la Xunta de Galicia a través de la Secretaría Xeral de Cultura de la Consellería de Cultura, Educación e Universidade.

Brindis y desesperación ganó la XXV edición de uno de los
premios de poesía decanos en Galicia:
el Johán Carballeira

1. Resistir es un paso de baile

1

Mamá tentando arrincar as cabezas ás gambas co seu *párkinson* para a noite de fin de ano; ela sempre enriba dunha desas horas despezadas. Papá a me ensinar a súa analítica do sintrom atravesando decontino crenzas da infancia, vivindo nun tempo que só existe para el no que cando neva, faino cunha esperanza vella que antano foi branca. O brinde ten que ser pola imposibilidade. Saio coa sensación sempre de que algo morre dentro de min e con frío. A casa ten esa friaxe que deixan os espellos rotos; esa única luz amarela que se vai formando no centro da desaparición.

1

Mamá, intentando arrancar las cabezas a las gambas con su *párkinson* para la noche de fin de año; ella siempre encima de una de esas horas despiezadas. Papá enseñándome su analítica del sintrom, atravesando continuamente creencias de la infancia, viviendo en un tiempo que solo existe para él en el que cuando nieva, lo hace con una esperanza vieja que antaño fue blanca. El brindis tiene que ser por la imposibilidad. Salgo con la sensación siempre de que algo muere dentro de mí y con frío. La casa tiene esa humedad que emana de los espejos rotos; esa luz amarilla que se va formando en el centro de la desaparición.

e 2

A peor enfermidade son os anos, di papá convencido. Cando fala así, a luz choca contra os seus ollos, desfaise. A papá retórcelle os dedos a artrose e tenta aínda así recompoñer solpores, bobinalos como fixo sempre con esas súas mans de vello electricista. Papá ama todo canto ve que vai perdendo. No corazón de papá hai fendas desa luz rebotada; detrás non hai nada, sangue clara do sintrom como apozada.

y 2

La peor enfermedad son los años, dice papá convencido. Cuando habla así, la luz choca contra sus ojos, se deshace. A papá le retuerce los dedos la artrosis e intenta aún así recomponer crepúsculos, bobinarlos como hizo siempre con esas manos de viejo electricista. Papá ama todo cuanto ve que va perdiendo. En el corazón de papá hay grietas de esa luz rebotada; detrás no hay nada, sangre clara del sintrom como en una charca.

A miña afillada tatuouse no pulso a palabra vento. Viña do sur, de navegar arredor de corazóns aguilloados e de canción rotas e lonxanas. Ela, máster en publicidade e *marketing* dixital, viste crenzas simples —baratas, aínda así atrevidas, mercadas de feira— que lle quedan fantásticas. Sabe que ha acabar índose co vento, por iso, di, tatuou esa palabra coa pulsación a saltos. Nas chuvias que cre doutro tempo proxecta un sorriso puro aínda —a man, como sen pretendelo, pola regaña—; deixa fosilizar as lágrimas máis grandes e unha e outra vez anda descalza sobre os rostros nas pantallas táctiles. A miña afillada, creativa, incorpora nas redes bicos góticos nos faiados da infancia.

Mi ahijada se tatuó en el pulso la palabra viento. Venía del sur, de navegar alrededor de corazones aguijoneados y de canciones rotas y lejanas. Ella, máster en publicidad y *marketing* digital, viste creencias simples —baratas, aunque atrevidas, compradas en la feria— que le quedan fantásticas. Sabe que acabará yéndose con el viento, por eso, dice, tatuó esa palabra con las pulsaciones a saltos. En las lluvias que cree de otro tiempo, proyecta una sonrisa pura todavía —la mano, como sin pretenderlo, por la raja—; deja que fosilicen las lágrimas más grandes y anda descalza sobre los rostros de las pantallas táctiles. Mi ahijada, creativa, incorpora a las redes besos góticos en desvanes de la infancia.

O meu peiteador ten as mans sempre frías; dime —co gume da navalla na caluga— que teño os poros sensibles, a piques de rebentar a poesía. Os máis novos suben a depilárense e baixan os chanzos xa doutro xeito, como a saltos, convencidos de que a teñen máis grande. En fronte, no centro de saúde, os anciáns entran e saen na busca duns anacos máis de vida cos seus receitarios de palabras brancas, renovadas, aínda que a mañá sexa sempre a mesma. A transformación vén cando te ves sorrir —serio ti— no espello cuns cantos anos menos, canosos, nun pano negro sobre dos ombreiros; ese engano e a sospeita de que ha vir a refoladas o inverno.

Mi peluquero tiene las manos siempre frías; me dice —con el filo de la navaja en el cuello— que observa los poros sensibles, a punto de reventar la poesía. Los más jóvenes suben a depilarse y bajan los escalones ya con confianza, a saltos, convencidos de que la tienen más grande. Enfrente, en el centro de salud, los ancianos entran y salen en busca de unos puñados más de vida con sus recetarios de palabras blancas, renovadas, aunque la mañana sea siempre la misma. La transformación viene cuando te ves sonreír —serio tú— en el espejo con unos cuantos años menos —canosos, en un paño negro sobre los hombros—; ese engaño y la sospecha de que ha de venir a ráfagas el invierno.

O día no que soaron cánticos do muecín no móbil dun musulmán que tomaba café onda o mostrador; a chamada á oración ao maior volume no altofalante do musulmán con toda a intención na barra do bar. Dende esa mañá a sensación, sospeita, de que un estraño vive en min; que o mirar dende ese día é un precipicio e non saber quen pode empurrar a quen, só que voa arredor unha ave enlouquecida.

El día en que sonaron cánticos de muecín en el móvil de un musulmán que tomaba café junto al mostrador; la llamada a oración al máximo volumen en el altavoz del musulmán con toda la intención en la barra del bar. Desde esa mañana la sensación, sospecha, de que un extraño vive en mí; que la mirada desde ese día es un precipicio y no saber quién puede empujar a quién, solo que vuela alrededor una ave enloquecida.

Ten ferralla amoreada onda os saltos oxidados do corazón, sangue que nunca, xamais unha palabra acariñou. Hoxe enfrontouse á titora para se facer forte diante dos seus na clase, mesmo con ameazas. A parella da súa nai vén de botalo da casa e el destrozou os baños no instituto. O claustro tamén decidiu expulsalo. A onde? Antes da noite non vai chorar. Antes da noite mantén a mirada no alto coma un deses guindastres que descargan contedores dos barcos.

A las profesoras/es

Tiene chatarra apilada junto a los saltos oxidados del corazón, sangre que nunca, jamás una palabra acarició. Hoy se enfrentó a la tutora para hacerse fuerte ante los suyos en clase, incluso con amenazas. La pareja de su madre acaba de echarlo de casa y él destrozó los baños en el instituto. El claustro también decidió expulsarlo. ¿A dónde? Antes de la noche no va a llorar. Antes de la noche mantiene la mirada en lo alto como esas grúas que descargan contenedores de los barcos.

Ah, a felicidade nas redes sociais ten as cores xiratorias, como a refoladas; a ledicia bate as ás antes de se desmembrar nas sombras coma os paxaros fugaces. Apagar é o abismo, a caída contra os rochedos onde escuma a maldita verdade. A túa nai dando un portazo despois de rifar outra vez con el, que segue a picarse e chamaba por máis cartos. E ti, descrocada, morta, os labios pintados aínda así e as marcas do frío nun mirar no que aboias ao coidado da avoa, única coma *instagramer* aos teus 17 anos.

Ah, la felicidad en las redes sociales girando en colores vivos, como a ráfagas; la alegría aletea antes de desmembrarse en las sombras como los pájaros fugaces. Apagar es el abismo, la caída contra las rocas donde espuma la maldita verdad. Tu madre dando un portazo después de reñir otra vez con él, tu hermano, que sigue pinchándose y clamaba por más (dinero). Y tú, desnucada, muerta —los labios pintados aún así y las marcas del frío en un mirar que aboya al cuidado de la abuela—, única como *instagramer* a tus 17 años.

Sempre hai punkies que colgan amantes das cadeas nas festas familiares; que se peitean reflectidos na graxa do año de leite que queda na bandexa e brindan cunha copa na man a rebordar dun viño con fogos de artificio no ceo do padal. As festas familiares teñen parte de distopía; notas como o tempo, instante a instante, está a se desprender por moitos rizos que tentemos de lle poñer á ira e os berros escintilen fugaces no gume dos coitelos ou os diminutivos queden na lambedela quente do can por baixo da mesa. A avoa sempre acaba atropelada polo intenso tráfico dixital na zona da rapazada e, ferida de dignidade, con ese pouso de pena acumulándose nas arterias, recolle calada o refraneiro da mamá Xoana estragado entre as fogallas. Chora para dentro como fan as avoas para tentar nutrir aínda as raíces desa árbore vella da infancia. E volvemos brindar polas cancións perdidas da nenez entre os pés sen sabermos, onda a baballa e o desapego.

Siempre hay punkies que cuelgan amantes de las pulseras en las fiestas familiares; que se peinan reflejados en la grasa del cordero lechal que queda en la bandeja y brindan con una copa a rebosar de un vino con fuegos de artificio en el cielo del paladar. Las fiestas familiares tienen parte de distopía; notas como el tiempo, instante a instante, se va desprendiendo por muchos rizos que intentemos ponerle a la ira y los gritos centelleen fugaces en el filo de los cuchillos o los diminutivos queden en la lamedura caliente del perro debajo de la mesa. La abuela siempre acaba atropellada por el intenso tráfico digital en la zona de la chiquillada y, herida de dignidad, con ese poso de pena acumulándosele en las arterias, recoge callada el refranero de la mamá Juana desperdiciado entre las migajas. Llora para dentro como hacen las abuelas para intentar nutrir aún las raíces de ese árbol viejo de la infancia. Y volvemos a brindar por las canciones perdidas de la niñez entre los pies sin saber, junto a la baba y el desapego.

Cumpríanse cincuenta anos —talvez máis— dende que o home pisara a Lúa, unha capa de pó gris e cinza. Un impacto maior fora ver a Terra, esa súa esfera, dende tan lonxe; a imaxe que Kepler sempre soñara. Sabermos alí; aquí, insignificantes. E baixo desa nebulosa inmensa e azul, nós queréndonos sobre as lousas frías da entrada; tanta a urxencia e así diminutos; as miles de raíces nerviosas do sentir no centro mesmo do noso universo.

Se cumplían cincuenta años —tal vez más— desde que el hombre pisara la Luna, una capa de polvo gris y ceniza. Un impacto mayor había sido ver la Tierra, su esfera, desde tan lejos; la imagen que Kepler siempre había soñado. Sabernos allí; aquí, insignificantes. Y bajo esa nebulosa inmensa y azul, nosotros queriéndonos sobre las baldosas frías de la entrada; tanta la urgencia y así diminutos; las miles de raíces nerviosas del sentir en el centro mismo de nuestro universo.

1

A tarde na que estiven dentro da felicidade o tempo dun café de cápsula dunha *foodstruck*. Media ducia de mesas con florciñas de campo ao pé do mar e cancións charramangueiras de verán. Un agardar a que caera o sol sobre os illotes e vese que afundiu nalgunha ausencia ao final e debía ser branca; pareceume sentilo nas propias mans. Uns versos recentes do mestre Gamoneda para acoutar ese momento —arredor de dúas anciás amais que bebían cervexa animadas— e a sensación aínda de quen está a esperar algo inminente. Pero non era máis. Non era máis.

1

La tarde en que estuve dentro de la felicidad el tiempo de un café de cápsula de una *foodstruck*; media docena de mesas con florecillas de acantilado a pie de mar y una sucesión de canciones horteras de verano. Un aguardar a que cayera el sol sobre los islotes y se ve que se hundió en alguna ausencia al final y debía de ser blanca; me pareció sentirlo en las propias manos. Unos versos recientes del maestro Gamoneda para acotar ese momento —en torno a dos ancianas además que bebían cerveza animadas— y la sensación aún de quien está esperando algo inminente. Pero no era más. No era más.

e 2

e si, soaban cancións suxestivas da túa mocidade entre un recendo a protector solar, salseira e argazo, esa mestura; iso que dicías felicidade envolvendo o sol con algo de borraxeira a última hora e os mesmos cafés de cápsula da foodstruck; ata un pequinés, vermello e solar, entre as chancletas dunhas mozas berronas en bañador. Aínda así, pensabas que non deberías ter repetido para evitar unha certa decepción e, efectivamente, pero non o chamarías fracaso: melancolía flácida, molesta así, núa, como eses corpos expostos dos vellos que perderon todo o coláxeno.

y 2

y sí, sonaban canciones sugestivas de la juventud entre un aroma a protector solar, espuma y sargazo; eso que decías felicidad envolviendo el sol con algo de llovizna a última hora y los mismos cafés de cápsula de la foodstruck; hasta un pekinés, rojo y solar, entre las chanclas de unas niñas en bañador que no dejaban de gritar. Aún así, pensabas que no deberías haber repetido para evitar una cierta decepción y, efectivamente, pero no lo llamarías fracaso: melancolía flácida, molesta así, desnuda, como eses cuerpos expuestos de los viejos que perdieron todo el colágeno.

1

A avoa quere chorar, non recorda xa como se fai de comer; busca palabras afiadas como esas pedras primitivas de cortar, lascas, para se facer dano. Arrastra a vida en cada paso; escápaselle a luz e trata de lle dar alcance con ese andar torpe e lento, sen memoria xa: ese seu último xesto de rebeldía cando se decata —con eses seus ollos pequenos que tornan nun vermello sinistro— de que está a vestila a morte e non sabe a onde ía.

1

La abuela quiere llorar, no recuerda ya cómo se hace de comer; busca palabras afiladas como esas piedras primitivas de cortar, lascas, para hacerse daño. Arrastra la vida en cada paso; se le escapa la luz y trata de darle alcance con ese andar torpe y lento, sin memoria ya: ese último gesto de rebeldía cuando se percata —con eses ojos pequeños que se tornan en un rojo siniestro— de que está a vestirla la muerte y no sabe a dónde iba.

e 2

Chorar sen memoria, como cando chuviña sen brisa se-
quera nin tampouco demasiada luz; a avoa chora así. E
dáselle por cantaruxar coa infancia metida neses seus
ollos de néboas; esa súa felicidade valada, a campo, sen
nada, e ela dentro como unha desas cadeliñas maltrata-
das.

y 2

Llorar sin memoria, como cuando llovizna sin brisa si-
quiera ni demasiada luz; la abuela llora así. Y se le da por
canturrear con la infancia metida en esos ojos de nieblas;
esa felicidad vallada, a campo, sin nada, y ella dentro
como una de esas perras viejas y abandonadas.

O Nadal lévame sempre a unha nena que nunca chegou a nacer. A unha lúa alta que ía crecendo no centro do ollar naquel hotel á beira do canal, en Amsterdam, si. As noites, coma o silencio, dun branco que aínda gaña intensidade ao pensalo de cada vez, frío como a cegueira, con raís fumegantes e rodeiras delgadas de bicicletas na neve. Sempre a dúbida do que puido quedar enterrado entre as plantacións tenues dalgún daqueles cadros de Van Gogh ou baixo duns versos que gradara o vello mestre (Eugènio de Andrade) con pulsación lenta. Lembrar é como ir pisando agora por riba de todo aquilo cun sentir arrítmico, por veces axitado.

La Navidad me lleva siempre a una niña que nunca llegó a nacer. A una luna alta que iba creciendo en el centro de la mirada en aquel hotel junto al canal, en Amsterdam, sí. Las noches, como el silencio, de un blanco que aún va ganando intensidad al pensarlas cada vez, frío como la ceguera, con raíles humeantes y rodadas delgadas de bicicletas en la nieve. Siempre la duda de lo que pudo quedar enterrado entre las plantaciones tenues de alguno de aquellos cuadros de Van Gogh o bajo unos versos que sembrara el viejo maestro (Eugènio de Andrade) con pulsación lenta. Recordar es como ir pisando ahora sobre todo aquello con un sentir arrítmico, por veces agitado.

Iamos esa noite cara o teu piso de estudante observando a Lúa e a situación dalgún que outro planeta; baixo o teu mirar unha ferida aberta aínda en sangue e o efecto da xeada nela. Gustoume a naturalidade coa que recoñece-ches o teu primeiro fracaso amoroso, como se se tratase doutro. Tentei estar á altura; faleiche da diferenza cultu-ral, esoutra visión dela tan distinta, fixen ata mención ao islam e non sei que algúns outros argumentos máis; despois fomos atravesando co coche todo ese silencio branco que seguiu e recorremos coma sempre ao vello August —*TNT*, dinamita, AC&DC— para quitar o frío dos cristais.

Íbamos esa noche hacia tu piso de estudiante observando la Luna y la situación de algún que otro planeta; bajo tu mirar una herida abierta aún en sangre y el efecto de la helada en ella. Me gustó la naturalidad con que reconociste tu primer fracaso amoroso, como si se tratara de otro. Intenté estar a la altura; te hablé de la diferencia cultural, esa otra visión suya tan distinta, hice hasta mención al islam y no sé qué argumentos más; después fuimos atravesando con el coche todo ese silencio blanco que siguió y recurrimos como siempre al viejo August —*TNT*, dinamita, AC&DC— para quitar el frío de los cristales.

1

O avó empéñase en saír da habitación pola porta do ar-
mario. Dan ganas de rir; un deses sorrisos como unha
bolboreta coas ás rotas, case verme. Ás veces un berro
amarelo fai tenro o que semella máis cruel. Para el sem-
pre é Nadal, luns sempre. Se lle quitase o desvarío, que-
daría a poesía núa, con frío. A loucura, que se abre e se
pecha segundo a luz, coma esas flores raras do xardín.

1

El abuelo se empeña en salir de la habitación por la puerta del armario. Dan ganas de reír, una de esas sonrisas como una mariposa con las alas rotas, casi gusano. A veces un grito amarillo vuelve tierno lo que parece más cruel. Para él siempre es Navidad, lunes siempre. Si le quitase el desvarío, quedaría la poesía desnuda, con frío. La locura, que se abre y se cierra en función de la luz, como esas flores raras del jardín.

e 2

O avó foi enterrado cun traxe gris e unha miña garavata azul que tiña usado nas reunións de traballo e para recoller no outono ou inverno algún que outro premio literario. Agora é estraño; como se aquelas miñas sensacións estivesen soterradas para sempre canda el e revivilas fose coma atravesar, entre algunhas outras certezas, un deserto: talvez a existencia. Algo doce na inmobilidade, coma se pisar resultase o máis violento.

y 2

El abuelo fue enterrado con un traje gris y mi corbata azul, que había usado en las reuniones de trabajo y para recoger en otoño e invierno algún que otro premio literario. Ahora es extraño; como si algunas de mis sensaciones estuvieran soterradas para siempre con él y revivirlas fuese como atravesar, entre algunas certezas, un desierto: tal vez la existencia. Algo dulce en la inmovilidad, como si pisar resultara lo más violento.

Ser quen de lle dar a volta a esta luz de inverno —fría e branca como a cegueira— só por sacudir o desafecto, mamá.

Ser capaz de darle la vuelta a esta luz de invierno —fría y blanca como la ceguera— solo por sacudirme el desafecto, mamá.

Ule a suor, a aire quente e amarelo dos pulmóns, avermellado do fígado, e a cancións pop que se repiten centos de veces. O ximnasio na hora punta da mañá parece o Circo do Sol. Uns suben o Tourmalet na bicicleta estática ao ritmo dalgúns deses éxitos de verán, beben decontino líquidos hidratantes e sécanse con toallas xa enchoupadas escalando por unha luz vertical pulsacións e ritmo cardiaco. Ao seu redor os musculados levantan pesas e cambian de cada vez uns discos por outros de maior tamaño xirando sobre si mesmos coma no seu final as buxainas. Outros fan abdominais ata que asoman na pel as raíces desa árbore da infancia que todos levamos dentro. Ela segue na cinta a súa andaina fronte do espello como tratando de se aproximar con cada paso máis a si mesma; como se estivera a recoller eses momentos que se foron desprendendo máis unha vez do desapego, con naturalidade, sen esforzo, polo propio pensamento.

Huele a sudor, a aire caliente y amarillo de los pulmones, rojizo del hígado, y a canciones pop que se repiten cientos de veces. El gimnasio en hora punta por la mañana parece el Circo del Sol. Unos suben el Tourmalet en bicicleta estática al ritmo de algún éxito de verano, beben continuamente líquidos hidratantes y se secan con toallas ya empapadas escalando por una luz vertical pulsaciones y ritmo cardíaco. A su alrededor los musculados levantan pesas y cambian cada poco unos discos por otros de mayor tamaño girando sobre sí mismos como en su final las peonzas. Otros practican abdominales hasta que asoman en su vientre las raíces de ese árbol de la infancia que todos llevamos dentro. Ella sigue en la cinta su caminata frente al espejo como tratando de aproximarse con cada paso más a sí misma; como si estuviese recogiendo esos momentos que se fueron desprendiendo del desapego, con naturalidad, sin esfuerzo, por el propio pensamiento.

Unha flor rara que envelena e narcotiza, imposibilita e
deixa frío dos entardeceres na pel,

a indiferenza.

Una flor rara que envenena y narcotiza, imposibilita y deja frío de los atardeceres en la piel,

la indiferencia.

Entrou unha pomba na habitación alterada polos fogos dunha voda na praza; despois de revoar sobre as camas, acubillou —asustada— debaixo das camisas, contra o final do armario. Nunca vera chegar así un verso. Acabei por botala, ata con despeito. Estou nunha idade na que gusto máis das palabras que saen das cortadas con ferro oxidado e provocan infección.

Entró una paloma en la habitación alterada por los fuegos de una boda en la plaza; después de revolotear sobre las camas, se cobijó —asustada— entre las camisas, en el fondo del armario. Nunca había visto llegar así un verso. Acabé por echarla hasta con desprecio. Estoy en una edad en la que me gustan más las palabras que salen de una cortadura con hierro oxidado y provocan infección.

1

A preguiza con que nos untamos a crema lubricante e dicimos amor é fría, como ese xeito de estarmos pendentes durante o sexo. A luz baixa azul e sabemos que nesa nudez talvez estea a necesidade de tocar, nas curvaturas miúdas do tacto, nas raíces nerviosas das palabras que gardamos. O pracer está en levantarnos cun respirar vertical, afiado, o gume como de cristal; o verdadeiro pracer acaso sexa ese cortarnos con el e en apertar con máis forza. Ás veces parécenos paixón, pegañenta, outras perda e sangra.

1

La pereza con que nos untamos la crema lubricante y nos decimos amor es fría, como esa manera de estar pendientes durante el sexo. La luz baja azul y sabemos que en esa desnudez tal vez esté la necesidad de tocar, en las curvaturas menudas del tacto, en las raíces nerviosas de las palabras que guardamos. El placer está en levantarnos con un respirar vertical, afilado, con filo como de cristal; el verdadero placer acaso sea ese modo de cortarnos con él y en apretar con fuerza. A veces nos parece pasión, pegajosa, otras pérdida y sangra.

e 2

Como cando queda de nós só esa dor da fricción e é es-
traño como saírmos a un principio de canción calquera
con chuvia e refachos en círculos brancos.

y 2

Como cuando queda de nosotros solo ese dolor de la fricción y es extraño como salir a un principio de canción cualquiera con lluvia y ráfagas en círculos blancos.

Esa mañá maquillouse, aínda que con discreción. Desa vez remarcou a dor no mirar e o abismo e a distancia. Asistíu con normalidade —a habitual atención— ás clases; na pizarra unha combinación de cromosomas acreditaba a negación e aínda así pareceulle case que unha declaración de amor, insólita, diferente. Unha imposibilidade que convidaba a reaccionar case que nos 17. Á final pediulle á profesora poder falar; confiulle que quería cambiar, que decidira a transformación; quería ser o que xa é e sente: muller. Foi un cuarto de hora baleirado de tempo. Explicoulle que era como vivir decontino no outro lado, da chuvia, da luz, das palabras, ata do esquezo. Era como tentar anoar o sangue e o sangue, expresoulle, a se desatar sempre. Como estar do lado do frío sempre.

Esa mañana se maquilló con discreción. Remarcó el dolor en su mirada y el abismo y la distancia. Asistió con normalidad —la habitual atención— a clase; en la pizarra una combinación de cromosomas acreditaba la negación y aún así le pareció casi una declaración de amor, insólita, diferente. Una imposibilidad que invitaba a reaccionar a los 17. Al final le pidió a la profesora poder hablar; le confió que quería cambiar, que había decidido la transformación; quería ser lo que ya es y se siente: mujer. Fue un cuarto de hora vaciado de tiempo. Le explicó que era como vivir continuamente en el otro lado, de la lluvia, de la luz, de las palabras, hasta del olvido. Era como intentar anudar la sangre y la sangre, le expresó, siempre desatándose. Como estar del lado del frío siempre.

Unhas cervexas, un pouco de vermú branco ou vermello, algo de ron e no ceo da noite fogos de artificio. Os rapaces na terraza fan fotos a esa súa mestura de licores, alleos á explosión de colorido e envíanas ás redes. O da camiseta vermella é moi intelixente, case superdotado, pero quedáronlle dúas materias. Bebe porque a súa nai bebe e o noivo da súa nai tamén bebe e sabe que ao chegar á casa, avanzada a madrugada ou case que xa ao amencer, han de estaren bébedos e bebe tamén el. É o único que non ri e tampouco non se enlea na maraña das cancións de verán da orquestra. Bebe e no seu vaso o xeo vai tomando a forma endurecida dunha lágrima.

Unas cervezas, un poco de vermú blanco o rojo, algo de ron y en el cielo de la noche fuegos de artificio. Los jóvenes en la terraza hacen fotos a esa mezcla de licores, ajenos a la explosión de color y las envían a las redes. El de la camiseta roja es muy inteligente, casi superdotado, aún así le quedaron dos materias. Bebe porque su madre bebe y el novio de su madre también bebe y sabe que al llegar a casa, avanzada la madrugada o tal vez ya al amanecer, estarán ebrios y bebe también él. Es el único que no ríe ni se enreda en la maraña de canciones de verano de la orquesta. Bebe y en su vaso el hielo va tomando la forma endurecida de una lágrima.

Os rapaces a deixar a infancia a arcadas ao pé das árbores da praza ou detrás dalgún contedor na madrugada; estralan petardos e cantaruxan contra algunha outra estatua. A berros e golpes, ás veces a timbraren nos portais e saíren ás carreiras polas calellas do rap. As pombas, inmóbiles nos versos máis longos do vello Andrade un amencer que para eles talvez sexa no momento só provocación azul coas veas infladas e necesidade de incendio. Á mañanciña do luns unha muller, doutora en Termodinámica, titora dalgúns deles, aterece onda o portal do instituto agardando a que baixen os da panda para coidar que nada lles suceda dende o autobús ata a mesma entrada.

Los jóvenes echando la infancia a vómitos al pie de los árboles en la plaza o detrás de algún contenedor de madrugada; estampando petardos y canturreando contra alguna que otra estatua. A gritos y golpes timbrando en los portales y a la carrera por los callejones estrechos del rap. Las palomas, inmóviles en los versos del viejo Andrade un amanecer que para ellos tal vez sea en el momento provocación encarnada con las venas hinchadas y la necesidad de incendio. A primera hora de la mañana del lunes una mujer, doctora en Termodinámica, tutora de algunos de ellos, tirita en el portal del instituto aguardando a que bajen los de la panda para cuidar que nada les suceda desde el autobús hasta la misma entrada.

Mamá non quere que lle regale nada polo Nadal, tampouco por Reis, só tempo. Mamá quere que saia das paisaxes tristes, robotizadas, das pantallas azuis e que vaia visitalos. O cariño de mamá é doce coma a diabete, faime ser neno sempre. Esas súas mans de neve e *párkinson*, delgadas, ríxidas, brancas, a me romper unha e outra vez as ás. E esa punta metálica da súa dor cervical.

Mamá no quiere que le regale nada por Navidad, tampoco por Reyes, solo tiempo. Mamá quiere que salga de los paisajes tristes, robotizados, de las pantallas azules y que vaya a visitarlos. El cariño de mamá es dulce como la diabetes, me hace ser niño siempre. Sus manos de nieve y *párkinson*, delgadas, rígidas, blancas, peleando por romperme una y otra vez las alas. Y esa punta metálica de su dolor cervical.

2. El futuro en sus manos

1

Véxote diante do ordenador, calado, enchendo de cálculos e termos técnicos folios en branco para o programa informático. Óese o boureo monótono dun pombo pola cheminea, constante, que desatendes. A luz da ventá non abonda e gaña a iluminación azul da pantalla nese teu humilde cuarto de traballo con xogos aínda de cando eras neno. Non sei onde nos habedes levar; en que dirección, os meus dedos —ríxidos xa de máis, doridos— pérdense, como sabes, no táctil. Quedarei coma o pequeno pombo no tellado sacando peito fronte da lufada, igual de indefenso.

1

Te veo ante el ordenador, callado, cubriendo de cálculos y términos técnicos folios en blanco para el programa informático. Se oye el canto monótono, constante, de un palomo, que desatiendes. La luz de la ventana no es suficiente y gana la iluminación azul de la pantalla en tu humilde cuarto de trabajo con juegos todavía de cuando eras niño. No sé a dónde nos llevaréis; en qué dirección, mis dedos —demasiado rígidos ya, doloridos— se pierden, como sabes, en lo táctil. Quedaré como el pequeño palomo en el tejado sacando pecho frente a ese viento que arremolina, igual de indefenso.

e 2

Esta noite vestiches un traxe negro cunha camisa branca, sinxela, de floreciñas que levabas de fóra para ires á túa primeira cea de empresa. Víaseche untanto anoxado, as ecuacións e fórmulas da nova aplicación non deran co resultado que agardabas. Deseñar o futuro non ha ser doado. Entendín nada mais saíres que xa non son necesario; resultou estraño e grato de vez; rin e deiche unha palmada sabendo que o que ha vir será esquecemento: ese seu círculo frío e branco.

y 2

Esta noche te pusiste un traje negro con una camisa blanca, sencilla, de flores, que llevabas por fuera —es moda— para ir a tu primera cena de empresa. Se te veía un tanto enojado, las ecuaciones y fórmulas de la nueva aplicación no habían dado con el resultado que ansiabas. Diseñar el futuro no ha de ser fácil. Entendí nada más verte salir que ya no soy necesario; fue extraño y grato a la vez; reí y te di una palmada sabiendo que lo que ha de venir será olvido: ese círculo frío y blanco.

3. La vida, ¿qué es?

1

Os máis vellos pechan os ollos porque é así como ven a in-
fancia; fan casa. Visibilizan a felicidade nese seu estado
sen paxaros; é o seu xeito de suavizar o violento. E talvez
a honestidade sexa iso, non saber ao final que nome lle
dar á morte.

1

Los más viejos cierran los ojos porque es así como ven la
infancia; hacen casa. Visibilizan la felicidad en ese estado
sin pájaros; es su modo de suavizar lo violento. Y tal vez
la honestidad sea eso, no saber al final que nombre darle
a la muerte.

e 2

Que é a vellez no interior dun xeriátrico? Que casa é?
Aínda están as mazás madurecendo nas caixas para as
compotas do inverno, mamá. Amarelecen como a indo-
lencia cada vez que me pides que che dea a man.

y 2

¿Qué es la vejez en el interior de un geriátrico? ¿Qué casa
es? Aún están las manzanas madurando en las cajas para
las compotas de invierno, mamá. Amarillean como mi in-
dolencia cada vez que me pides que te dé la mano.

Que é a vida, esta pregunta unha e outra vez a media tarde sentado na terraza, uns cantos libros de poesía nas mans. A sensación a revoar entre as plantas de que esta crise tenme sorprendido xa con demasiados anos e é a mesma delicada violencia con que me aperta as mans mamá, a mesma forza estillada do *párkinson* coa que tenta arrincar unha flor para ma ofrecer: esa doce imposibilidade, algo así é.

Qué es la vida, esta pregunta una y otra vez a media tarde sentado en la terraza, unos cuantos libros de poesía en las manos. La sensación —como revoloteando entre las plantas— de que esta crisis me sorprendió ya con demasiados años y es la misma delicada violencia con que me aprieta las manos mamá, la misma fuerza astillada del *párkinson* con que intenta arrancar una flor para ofrecérmela: esa dulce imposibilidad, algo así es.

Vin xente co corazón nas mans escondida detrás das árbores da infancia ao sol da mañá; xente avergoñada a agardar por un anaco de futuro co corazón cada vez máis frío entre as mans. Xente que quedou atrapada un día na espiral dunha emoción, pechada talvez xa para sempre en si mesma, nese círculo branco da súa propia desaparición. Xente que quere sentir o seu propio corazón nas mans, como algunha vez creron sentir o serán, esa confusión tan propia con algunha outra ausencia. Xente desasistida da respiración industrial; xente que ve cada un dos seus instantes sostido por ferros oxidados con vella propaganda de partido. Rapaces co veleno do frío no mirar. Xente en ringleira que se sabe comendo algunha noite de sílabas negras o seu propio corazón coas mans.

Vi gente con el corazón en las manos escondida detrás de los árboles de la infancia al sol de la mañana; gente avergonzada aguardando por algo de futuro con el corazón cada vez más frío entre las manos. Gente que quedó atrapada un día en la espiral de una emoción, encerrada tal vez ya para siempre en sí misma, en ese círculo blanco de su propia desaparición. Gente que quiere sentir su propio corazón en las manos como alguna vez creyeron sentir el atardecer, esa confusión tan común con alguna ausencia. Gente desasistida de la respiración industrial; gente que ve cada uno de sus instantes sostenido por hierros oxidados con vieja propaganda de partido. Jóvenes con el veneno del frío en la mirada. Gente en fila que se sabe comiendo una y otra noche de sílabas negras su propio corazón con las manos.

4. In London, stand on the right

Stand on the right,

afástate

e ducias, centos, milleiros de seres subindo, baixando ás présas polo metro de Picadilly, esa explosión multicultural —as ratas asustadas— e a mirada forte da muller hindú marcando toda esa indiferenza que mata in London city á caída da tarde

e a voz negra do organista do metro fronte a todas as lufadas, esa voz a se desfacer on the right polos 192 degraos galería abaixo

e unha parella xapo de mozas hardcore bicándose na vía intermedia de Green Park, ese bico plástico onda os esquíos consentidos na ruta principal,

e a muller hindú, se miras aínda cara atrás

o mundo enteiro, si, en Regents Street ata Soho, no límite con Chinatown, as palabras estreitándose polos auriculares, letras miúdas asiáticas, esa estilística, a delicadeza, sabedes, palabras árabes, esvaradías, inglesas, hispanas inacabadas, falando polos móbiles cos vasos de café plástico na man —machiatto, latte, flat white, tanto ten, tanto dá—, un quererse por videoconferencia, un matarse, esa éxtase pero

nada é igual xa sen eles —Lemmy, Phil, Mikkey— comprobádeo, nada

Stand on the right,

a indiferenza mata, ringleiras sen rastro que se perden no mirar marcado desa muller hindú que vai deixando a noite en cada un dos seus pasos

e aínda o saxofonista de Gloucester Station rompendo o corazón, tentándoo, tentando rompermos o corazón —se o tiveramos— co último aire dos seus pulmóns cancerosos entre todas as flores estragadas do mercado do día e o ollar dun musulmán atravesado polos Porsche e Ferrari cabo do Harrod's pero onde xa o «Ace of Spades»?

As mulleres árabes polas noites, exquisitas detrás dos ventanais, esvarando polo cristal coma aparicións por todo Cronwell Road, esquina Earls Court (Earls Court, nin me faledes, iso non é vida, non pode selo, Earls Court, pero as mulleres árabes deixando apenas bafo nos cristais, nubes detrás dese seu mirar)

e as sirenas todo o día e toda a noite por dobre e triple carril cara o Bupa Cronwell Hospital

e nin sequera un deses cafés sinxelos do Prêt a Manger, nin un deses noxentos cafés da cadea que ofrecen mozas españolas (estudantes universitarias españolas de grao en Prêt a Manger, ese máster en sorrisos circulares, ese ricto in english nas tendas de produtos naturais e comida orgánica)

e ese ollar verde debaixo dun burka negro, todas as pombas londinenses detrás desas miradas con burkas negros, ese encantamento, Saint James Garden, vinas eu

eh, Kelmi, xa nada é igual

* * *

O indio con turbante durmido no metro, os negros cos auriculares sorrintes no metro, eses dentes brancos ocupando os convoios do metro, estudantes cos móbiles multiplicados no reflexo do metro, hooligans cantando a empurróns e unha muller que le no metro, suxeita cunha man e coa outra sostendo o libro, páxinas abertas, esa muller malabarista que le e escoita música e fala de vez ou non sei que xa no puto metro, a moderna liña verde ou azul, si sei, please, the next station is South Kensington

e o cheiro a especias por todo Gloucester Road, no libanés, o indio, no malaisio, por todas partes ese olor especiado, esa éxtase de beirarrúa, formigas apreixadas nalgún vómito preto da estación

e os chineses entusiasmados co fútbol nun tipical english pub con campaíña e o seu fish&chips; please, ultimate fish and chips para estes putos chinos que aplauden o rústico fútbol inglés

e a falla de Motörhead

pero déixame que che diga, os esquíos viven mellor ca os pobres de Chinatown, os esquíos de Hyde Park, Green Park, enténdeme, a ver se nos entendemos, detrás de Kensington Palace, Lady Di e Peter Pan e todas esas paiasadas

os pobres de London están coas pombas que cagan vai saber onde, debaixo das pontes, nas súas chabolas, pé do Westfield, o gran centro comercial, cabo da «cidade branca», a BBC de antes e todo iso, fóra dos mapas.

* * *

e nos escaparates en oferta a carne a piques de caducar, Lemmy, Phill, Mikkey, onde é que estades?

a cidade sandwiche e a cidade de comida tupper,

iso é vida, ten de ser a vida in London

envolta e preparada para a consumir nun parque

a carón dunha foodstruck

non saben estes ingleses o que pagaría agora por un bo café, Imperial College London, vale, ocúpao todo dende séculos atrás, todo London un Imperial College, vale, que dimensións, catro mazás, seis, todo London Imperial, pero non saben dese simple café, un puto coffee in London, Brick Lane, Charlotte Street, vale, pero que arte no fondo dun vaso plástico co pouso lamacento dun flat white

Starbucks? De que me falas

e o chino tolo cambiando de asento no bus a Baker Street, o chino inquedo de lentes grosas; a xapo indiferente, os ollos dentro do móbil e o doce perfume das teas das mulleres musulmás no bus 74, non me digades, ruta á doce esencia do máis alá, que digo alá, excused me e todos estes tolos baixan en Hyde Park Corner, by by, por que será?

e a señorita Campbell con voz de raíña e unha guitarra xa a esta hora presentándose beira do Támesi

e o negro saxofonista en espíritu grave producindo ondas no río lamacento cos seus sons máis sentidos, longos, interminables, ata o último alento o negro a carón do Támesi uns pasos máis alá

e os malabares xamaicanos e Chaplin e o garda real e todas as performances, as prezadas horas pé do Támesi para poder pagárense un fish&chips de bacallau no All by One, rebozado con cervexa do Támesi, por suposto, coma calquera persoa decente in London

todos bébedos venres á noite cantaruxando no metro, peneques por toda a city e a señorita Campbell soa beira do Támesi esta noite fría

coa pantasma de V. Woolf

os sons de guitarra na maré alta

e a pantasma fuxidía de Virxinia Woolf na London night dos fish&chips and beer, atrevéndose máis aló de Earls Court, Persons Green, cara o sul

a pantasma de V. W. in London today,

aquela súa expresión, a que non levantaba a voz, a da serena máis firme reivindicación, tan súa, propia dela, da súa habitación, nada é igual, que ninguén diga, que xa non din, onde botastes a Virxinia Woolf?

E Overkill, como correspondería de estar o Lemmy agora aquí.

Stand on the right,

apártate

y docenas, cientos, miles de seres subiendo, bajando a prisa por el metro de Picadilly, esa explosión multicultural —las ratas asustadas— y la mirada fuerte de la mujer hindú marcando toda esa indiferencia que mata in London city al final de la tarde

y la voz negra del organista del metro frente a todas las corrientes, esa voz rota on the right por los 192 peldaños escaleras abajo

y una pareja japo de chicas hardcore besándose en la vía intermedia de Green Park, ese beso plástico junto a las ardillas consentidas en la ruta principal,

y la mujer hindú, si miras aún hacia atrás

el mundo entero, sí, en Regents Street hasta Soho, en el límite con Chinatown, las palabras estrechándose por los auriculares, letras menudas asiáticas, esa estilística, la delicadeza, sabéis, palabras árabes, escurridizas, inglesas, hispanas inacabadas, hablando por los móviles con los vasos de café en la mano —machiatto, latte, flat white, qué, tanto da—, un quererse por videoconferencia, un matarse, ese éxtasis pero

nada es igual ya sin ellos —Lemmy, Phil, Mikkey— comprobadlo, nada

Stand on the right,

la indiferencia mata, filas y filas sin rastro que se pierden en el mirar marcado de esa mujer hindú que va dejando la noche en cada uno de sus pasos

y aún el saxofonista de Gloucester Station rompiendo el corazón, intentándolo, intentando rompernos el corazón —si lo tuviésemos— con el último aire de sus pulmones cancerosos entre todas las flores deshechas del mercado del día y el mirar de un musulmán atravesado por los Porsche y Ferrari al pie de Harrod´s pero, ¿dónde ya «Ace of Spades»?

*   *   *

Las mujeres árabes por las noches, exquisitas detrás de los ventanales, deslizándose por el cristal como apariciones por todo Cronwell Road, esquina Earls Court (Earls Court, ni me habléis, eso no es vida, no puede serlo, Earls Court, pero las mujeres árabes apenas dejan vaho en los cristales; nubes, detrás de esa mirada tan suya)

y las sirenas todo el día y toda la noche por doble y triple carril hacia el Bupa Cronwell Hospital

y ni siquiera uno de esos cafés sencillos del Prêt a Manger, ni uno de esos asquerosos cafés de la cadena que ofrecen jóvenes españolas (estudiantes universitarias de grado en Prêt a Manger, ese máster en sonrisas circulares, ese rictus in english en las tiendas de productos naturales y comida orgánica)

y ese mirar verde debajo de un burka; todas las palomas londinenses detrás de esas miradas con burkas negros, ese encantamiento, Saint James Garden, las vi yo

eh, Kelmi, ya nada es igual

*   *   *

El indio con turbante dormido en el metro, los negros con los auriculares sonrientes en el metro, esos dientes blancos ocupando los vagones del metro, estudiantes con los móviles multiplicados en el reflejo del metro, hooligans cantando a empujones y una mujer que lee de pie en el metro sujeta con una mano y con la otra sosteniendo el libro, las páginas abiertas, esa mujer malabarista que lee y escucha música y habla al mismo tiempo o no sé qué ya en el puto metro, la moderna línea verde o azul, sí sé, please, the next station is South Kensington

y el aroma a especias por todo Gloucester Road, en el libanés, el indio, el malasio, por todas partes ese olor especiado, ese éxtasis de acera, hormigas prisioneras en algún vómito a la salida de la estación

y los chinos entusiasmados con el fútbol en un tipical english pub con campanita y su fish&chips; please, ultimate fish and chips para estos putos chinos que aplauden el rústico fútbol inglés

y la falta de Motörhead

pero déjame que te diga, las ardillas viven mejor que los pobres de Chinatown, las ardillas de Hyde Park, Green Park, entiéndeme, a ver si nos entendemos, detrás de Kensington Palace, Lady Di y Peter Pan y todas esas payasadas

los pobres de Londres están con las palomas que depo-
nen ve a saber dónde, debajo de los puentes, en esas cha-
bolas al pie del Westfield, el gran centro comercial junto
a la «ciudad blanca», la BBC de antes y todo eso, fuera de
los mapas

*   *   *

y en los escaparates en oferta la carne picada a punto de
caducar, Lemmy, Phill, Mikkey, ¿dónde estáis?

la ciudad sandwich y la ciudad tupper,

eso es la vida, tiene que ser la vida in London

envuelta y preparada para consumir en un parque

con foodstruck

no saben estos ingleses lo que pagaría ahora por un buen
café, Imperial College London, vale, lo ocupa todo desde
siglos atrás, todo London un Imperial College, vale, qué
dimensiones, cuatro manzanas, seis, todo London Im-
perial, pero no saben de ese simple café, un puto coffee in
London, Brick Lane, Charlotte Street, vale, pero qué arte
en el fondo de un vaso plástico con el poso en fango de un
flat white

¿Starbucks? De qué me hablas

y el chino loco cambiando de asiento en el bus a Baker

Street, el chino inquieto de lentes gruesas; la japo indiferente, los ojos dentro del móvil y el, ah, dulce perfume de las telas de las mujeres musulmanas en el bus 74, no me digáis, ruta a la dulce esencia del más allá, que digo alá, excused me

y todos estos locos apeándose en Hyde Park Corner, by by, ¿por qué será?

y la señorita Campbell con voz de reina y una guitarra presentándose a esta hora a orillas del Támesis

y el negro saxofonista en espíritu grave produciendo olas en el río pantanoso con sus graves más sentidos, largos, interminables, hasta el último aliento en la margen del Támesis, unos pasos más allá

y los malabares jamaicanos y Chaplin y el guarda real y todas las performances, las preciadas horas a lo largo del Támesis para poder pagarse un fish&chips de bacalao en el All by One rebozado con cerveza, por supuesto, como cualquier persona decente in London

todos borrachos los viernes por la noche canturreando en el metro, tambaleantes por toda la city y la señorita Campbell sola contra la varanda del Támesis esta noche fría

los sones de guitarra en el cauce alto

y el fantasma huidizo de Virginia Woolf en la London night de los fish&chips and beer, atreviéndose más allá de Earls Court, Persons Green, hacia el sur

el fantasma de V. W. in London today,

aquella expresión, la que no levantaba la voz, la de la serena pero firme reivindicación, tan suya, propia de ella, su habitación, nada es igual, que nadie diga, que ya no dicen, ¿en dónde habéis apartado a Virginia Woolf?

Y Overkill, como correspondería de estar Lemmy ahora aquí.

Ah, Overkill...

Acabose de imprimir esta
primera edición de
BRINDIS Y DESESPERACIÓN,
de MIGUEL SANDE
el día 16 de febrero de 2024,
aniversario del nacimiento
de Vyacheslav Ivanov

Hay una Vía Láctea tanto en nuestra alma como en los cielos,
y hay otras multitudes dentro de ellas;
al igual que las palabras marcan los libros,
y las balanzas gemelas miden el mismo peso.
Hay un «él» en las profundas llamas reveladas.
Hay un «yo» en los más profundos milagros.

LAUS DEO